AF356979

MINISTÈRE DE L'INSTRUCTION PUBLIQUE ET DES BEAUX-ARTS

DIRECTION DES BEAUX-ARTS

THÉÂTRE NATIONAL DE L'OPÉRA

CAHIER DES CHARGES

1891

PARIS

IMPRIMERIE NATIONALE

M DCCC XCI

RÉPUBLIQUE FRANÇAISE

MINISTÈRE DE L'INSTRUCTION PUBLIQUE ET DES BEAUX-ARTS

DIRECTION DES BEAUX-ARTS.

THÉÂTRE NATIONAL DE L'OPÉRA

ARRÊTÉ.

Le Ministre de l'Instruction publique et des Beaux-Arts,
Vu l'avis de la Commission consultative des théâtres;
Sur la proposition du Directeur des Beaux-Arts,

Arrête :

Le théâtre national de l'Opéra sera exploité aux clauses et conditions qui font l'objet du présent cahier des charges.

TITRE PREMIER.
OBLIGATIONS GÉNÉRALES DU DIRECTEUR.

ARTICLE PREMIER.

Le Directeur sera tenu de diriger l'Opéra avec la dignité et l'éclat qui conviennent au premier théâtre lyrique national.

L'Opéra devra toujours se distinguer des autres théâtres par le choix et la variété des œuvres anciennes ou modernes qui y seront représentées, par le talent des artistes, comme par le goût et la valeur artistique des décorations, des costumes et de la mise en scène.

1.

ART. 2.

Le Directeur devra remplir personnellement les fonctions qui lui sont confiées, excepté dans le cas de maladie, dûment constatée, ou d'absence autorisée par le Ministre.

Dans l'un et l'autre cas, il devra faire agréer par le Ministre un remplaçant temporaire.

La présente concession ne conférant au Directeur qu'un droit personnel, le Directeur ne pourra la partager, la louer, la céder, l'affecter en garantie, ni l'aliéner d'une manière quelconque.

ART. 3.

Sans qu'il puisse être porté atteinte aux droits de l'État, qui ne reconnaît que le titulaire de la présente concession, le Directeur aura la faculté de se procurer les fonds nécessaires à son exploitation par voie de société en commandite simple (conformément aux articles 23, 24, 25, 26, 27, 28 du Code de commerce), ce qui exclut la constitution de toute société anonyme ou par actions.

Il devra justifier d'un apport de 800,000 francs, comprenant 400,000 francs de cautionnement et 400,000 francs de fonds de roulement.

L'arrêté de nomination ne sortira effet qu'après le dépôt du cautionnement dans les formes indiquées à l'article 4 et après justification, par le Directeur nommé, du dépôt intégral du fonds de roulement dans l'établissement de crédit désigné par le Ministre.

Dans le cas où il viendrait à cesser ses fonctions pour quelque motif que ce soit, ses héritiers ou autres ayants droit ne pourront prétendre faire revivre, à leur profit, la présente concession.

ART. 4.

Le Directeur est assujetti, pour la garantie de son exploitation, à un cautionnement de 400,000 francs qui doit être déposé en espèces, en bons du Trésor, en rentes françaises ou en obligations garanties par l'État, à la Caisse des dépôts et consignations.

Ce cautionnement sera affecté :

Par privilège :

1° A toutes les reprises, répétitions et indemnités, amendes, dommages-intérêts que l'Administration supérieure pourrait avoir à réclamer du Directeur;

2° Au traitement des artistes, employés et agents du théâtre;
3° Aux créances de la Caisse des retraites en liquidation;
4° Au droit des indigents;
5° Au droit des auteurs.

Par concurrence :

Aux engagements de toute nature contractés par le Directeur pour les besoins de son exploitation.

Ce cautionnement est incessible et insaisissable; il ne devra jamais cesser d'être complet; dans le cas où il viendrait à être entamé pour une des causes ci-dessus, il devra être reconstitué dans les quinze jours qui suivront, sous peine de déchéance pour le Directeur.

Toute stipulation particulière qui aurait pour effet de modifier les dispositions des clauses ci-dessus est nulle de plein droit.

Un duplicata du récépissé délivré pour constater le dépôt que le Directeur aura fait de son cautionnement à la Caisse des dépôts et consignations devra être remis au Ministre.

ART. 5.

Les cautionnements que le Directeur pourrait exiger des employés de son entreprise et de toutes personnes attachées au service du théâtre devront être immédiatement versés par lui à la Caisse des dépôts et consignations et ne pourront être retirés qu'avec l'autorisation du Ministre.

ART. 6.

Le Directeur ne pourra faire aucun traité ni marché dépassant la durée de sa concession.

ART. 7.

En cas de mariage, de dissolution de mariage ou de séparation judiciaire, le Directeur devra en faire la déclaration.

ART. 8.

Si la salle venait à être incendiée, la présente concession ne sera pas retirée au Directeur, qui continuera son exploitation, dans le cas où les représentations pourraient être reprises, jusqu'au terme indiqué dans son arrêté de nomination.

ART. 9.

Le Directeur est autorisé à inscrire en dépenses, à son profit, pour appointements et frais divers, une somme de 40,000 francs, payable par douzièmes.

ART. 10.

Le Directeur, en cas de pertes, n'aura aucune répétition à exercer contre l'État. Il pourra se retirer après 300,000 francs de pertes, défalcation faite des bénéfices acquis.

TITRE II.

GENRE ET RÉPERTOIRE.

ART. 11.

Toutes les sortes de drame lyrique et de ballet pourront être représentées sur la scène de l'Opéra, exception faite seulement des genres réservés au théâtre de l'Opéra-Comique par son cahier des charges.

ART. 12.

Les représentations exceptionnelles ou à bénéfice devront être autorisées par le Ministre. Lorsque le programme de ces représentations comportera l'emploi ou le mélange de genres étrangers à l'Opéra, il devra en être fait mention dans la demande d'autorisation.

ART. 13.

Le Directeur sera tenu de faire jouer chaque année, pendant toute la durée de son exploitation, deux ouvrages nouveaux de compositeurs français, n'ayant encore été représentés sur aucune scène française ou étrangère, et comprenant un minimum de six actes, dont quatre au moins d'opéra.

Dans le cas où, par suite de force majeure ou de nécessité constatée, le Directeur désirerait remettre à la scène un ouvrage déjà représenté en France ou à l'étranger, et le faire entrer en ligne de compte à titre d'ouvrage nouveau, il devra demander l'autorisation du Ministre. Cette autorisation ne pourra être accordée que si cet ouvrage exige des frais de mise en scène comparables à ceux d'un ouvrage nouveau.

Le relevé des ouvrages nouveaux ne sera fait que tous les deux ans.

Si, à l'expiration de chaque période biennale, le Directeur n'a pas donné le nombre d'ouvrages ci-dessus indiqué, une indemnité devra être retenue

sur la subvention, pour chaque acte non joué. Cette indemnité sera égale,
par acte, aux frais moyens de la mise en scène de chaque ouvrage de même
nature précédemment monté à l'Opéra pendant une période de dix ans.

ART. 14.

Une fois tous les deux ans, le Directeur devra représenter un petit
ouvrage, opéra ou ballet, en un ou deux actes, écrit par un pensionnaire ou
ancien pensionnaire de l'Académie de France à Rome, grand prix de composition musicale.

Le compositeur de cet ouvrage sera désigné par le Ministre, après avis du
Directeur, sur une liste de cinq noms présentée par la section de musique de
l'Académie des Beaux-Arts.

En cas de non-exécution de cet article, les auteurs dudit ouvrage recevront
du Directeur une indemnité de 5,000 francs par acte. S'il se produit une
contestation entre le Directeur et le compositeur, il sera statué par le Ministre.

ART. 15.

Le Directeur ne pourra morceler aucun ouvrage sans l'autorisation du
Ministre et celle des auteurs ou de leurs ayants droit.

Ni le Directeur, ni les personnes attachées à son administration ne pourront faire représenter, sur le théâtre de l'Opéra, aucun ouvrage dont les
paroles ou la musique seraient de leur composition, sans une autorisation
ministérielle spéciale.

TITRE III.

REPRÉSENTATIONS. — PRIX DES PLACES. — LOGES ET ENTRÉES. — BALS ET CONCERTS.

ART. 16.

Le Directeur sera tenu de donner au moins ... représentations par
semaine, les. . . . .

Il pourra, si bon lui semble, donner des représentations tous les jours.

Il ne pourra faire relâche, l'un des jours où les représentations sont obliga-
toires, sans une autorisation spéciale du Ministre.

Toute représentation obligatoire manquée devra être remplacée par une
représentation supplémentaire, dans un délai d'un mois.

ART. 17.

Le Directeur s'engage à donner, chaque fois qu'il en sera requis, des représentations gratuites sur le théâtre de l'Opéra; il ne pourra réclamer, pour ces représentations, que le prix moyen de ses frais, calculé sur l'ensemble des représentations de l'année.

Le Ministre choisira, parmi les pièces du répertoire, celles qui composeront ces représentations, pour lesquelles le Directeur ne pourra refuser le concours des artistes les plus distingués du théâtre.

ART. 18.

Le Directeur devra, chaque matin, adresser au Ministre un bulletin indiquant la composition du spectacle du jour et la recette brute de la veille.

Il adressera, au commencement de chaque mois, un état contenant la composition des spectacles et la recette brute de chacun des jours de représentation du mois précédent.

ART. 19.

Le Directeur devra adresser au Ministre une copie du règlement de discipline intérieure qu'il est tenu d'établir.

Il devra régler la tonalité de son orchestre avec le diapason normal institué par l'arrêté ministériel du 16 février 1859 et déposé au Conservatoire de musique et de déclamation.

ART. 20.

En cas de modifications apportées à la législation des théâtres ou de la propriété littéraire et artistique, le Directeur ne pourra réclamer une indemnité quelconque à l'État.

ART. 21.

Le tarif des places énumérées ci-après, soit en location, soit aux bureaux, soit par abonnement, est fixé par le Ministre. Ce tarif est, quant à présent, arrêté de la manière suivante :

	ABONNEMENT ET BUREAU.	LOCATION.
Parterre	7ᶠ 00ᶜ	9ᶠ 00ᶜ
3ᵉ loge de face	8 00	10 00
3ᵉ loge de côté	4 00	6 00
4ᵉ loge de face	2 00	4 00
4ᵉ loge de côté	1 50	3 00
4ᵉ amphithéâtre de face { Les trois premiers rangs	4 00	5 00
{ Les autres rangs	2 50	3 00
4ᵉ amphithéâtre de côté	1 50	2 00
5ᵉ loge	1 50	3 00

Le tiers des places de chacun des trois premiers rangs du quatrième amphithéâtre de face devra être réservé pour la vente directe au bureau.

Le tarif des places autres que celles qui viennent d'être désignées est fixé chaque année par le Directeur, sous l'approbation du Ministre. Pour la première année il sera conforme au tarif de la direction précédente. Au cas où le Directeur voudrait procéder à un relèvement exceptionnel des prix pour des représentations extraordinaires ou pour une période restreinte, l'autorisation devra en être demandée au Ministre.

ART. 22.

Le Directeur devra donner, par an, douze représentations à prix réduits dont le tarif est fixé de la manière suivante :

	ABONNEMENT ET BUREAU.	LOCATION.
Parterre	$3^f oo^c$	"
Orchestre	6 oo	"
Amphithéâtre	8 oo	"
Avant-scène du rez-de-chaussée	10 oo	$12^f oo^c$
Baignoire	8 oo	10 oo
1re avant-scène	10 oo	12 oo
1re loge de face	10 oo	12 oo
1re loge de côté	8 oo	10 oo
2e avant-scène	6 oo	8 oo
2e loge de face	7 oo	9 oo
2e loge de côté	6 oo	8 oo
3e loge de face	4 oo	6 oo
3e loge de côté	3 oo	4 oo
4e loge de face	2 5o	"
4e loge de côté	2 oo	"
4e amphithéâtre de face	2 oo	"
4e amphithéâtre de côté	1 oo	"
5e loge	1 5o	"

ART. 23.

Les titres d'abonnement sont personnels et ne peuvent être cédés.

Les fonds provenant des abonnements seront déposés dans un établissement de crédit, agréé par le Ministre; ils ne pourront être encaissés ou retirés qu'avec l'autorisation du Ministre et le compte sera établi tous les mois.

Tous intérêts et arrérages, provenant soit du fonds des abonnements, soit du fonds de cautionnement et du fonds de roulement seront portés en recette.

ART. 24.

Aucune place ne pourra être louée, ni aucune entrée concédée pour plus d'une année. En cas de résiliation ou à la fin de l'entreprise, l'État ne reconnaîtrait pas les concessions dépassant ce terme.

Il ne pourra être inséré, dans aucun acte public ou convention privée, aucune réserve de loges ou de billets, si ce n'est en faveur des auteurs et compositeurs dramatiques, pour les représentations de leurs ouvrages.

Chaque année, la liste des locations et des entrées de toute nature sera soumise au Ministre.

Il est interdit au Directeur de vendre des entrées sur la scène.

ART. 25.

Deux ou trois des loges situées sur la scène, derrière le rideau, pourront être louées à prix débattu, comme par le passé. Elles seront passibles du droit des indigents et du droit des auteurs.

Le Directeur aura la jouissance personnelle d'une ou deux loges sur le théâtre, à son choix, et la libre disposition des autres pour les chefs de service de l'administration, mais ces dernières ne pourront être concédées au delà d'un jour, à quelque titre que ce soit, sans une autorisation préalable du Ministre.

ART. 26.

Défense la plus expresse est faite de dissimuler les recettes du théâtre par des entrées, des loges ou des billets prétendus gratuits, donnés en payement de frais, cédés à quelque titre que ce soit ou vendus ailleurs qu'aux bureaux du théâtre.

ART. 27.

La grande avant-scène de droite des premières n° 1, sera réservée à toutes les représentations, pour le Président de la République.

Une première loge de face sera mise à chaque représentation à la disposition du Ministre.

La deuxième loge du deuxième rang, n° 27, sera réservée chaque jour pour l'usage des Préfets de la Seine et de Police.

La loge du quatrième rang, n° 12, sera mise, à toutes les représentations, à la disposition du Directeur du Conservatoire de musique et de déclamation, pour les élèves de cet établissement.

ART. 28.

Les entrées gratuites de l'Opéra se divisent en entrées de droit et entrées de faveur.

Les entrées de droit sont accordées par le Ministre et seulement pour les besoins du service administratif.

La liste en sera revisée tous les ans.

Jouiront, en outre, d'entrées de droit :

1° Le Directeur, le chef du secrétariat et les professeurs titulaires du Conservatoire;

2° Les auteurs d'ouvrages représentés à l'Opéra;

3° Les anciens premiers sujets de l'Opéra titulaires d'une pension de retraite.

ART. 29.

Nul ne pourra obtenir du Directeur ses entrées sur la scène, s'il n'est abonné pour trois jours par semaine.

Les entrées de faveur sont accordées par le Directeur. Le Ministre pourra toujours faire à la liste des concessionnaires gratuits les retranchements qu'il jugerait convenables.

ART. 30.

Des bals parés, costumés et masqués pourront être donnés dans la salle de l'Opéra, pendant la saison d'hiver et pendant le carnaval.

Le Directeur pourra en céder l'entreprise avec l'autorisation du Ministre; mais il ne cessera pas d'être responsable de tous les inconvénients qui en résulteraient.

ART. 31.

Le Directeur aura également la faculté de donner des concerts.

La composition de ces concerts devra être soumise à l'approbation du Ministre.

ART. 32.

Un concert ne pourra être substitué à une représentation obligatoire, ni

2.

en tenir lieu; il pourra seulement en faire partie, pourvu que l'autorisation ministérielle ait été obtenue.

TITRE IV.

PERSONNEL ET ENGAGEMENTS.

—

ART. 33.

Le Directeur devra donner au Ministre copie des engagements passés avec ses artistes, employés et agents.

Au renouvellement de chaque année théâtrale il adressera au Ministre un état nominatif de tous les artistes, employés et agents, avec le chiffre de leurs appointements et la durée de leurs engagements.

Il devra faire connaître les mutations et congés au fur et à mesure qu'ils surviendront dans le personnel.

ART. 34.

Le Directeur devra maintenir à l'Opéra un ensemble sujets dignes de ce théâtre. Les rôles devront y être sus en triple pour les ouvrages du répertoire et en double pour les ouvrages nouveaux.

Le nombre des artistes du chant ne pourra être inférieur à vingt et devra comprendre toutes les variétés d'emploi nécessaires dans le drame lyrique. Il comprendra, en outre, deux coryphées pour chaque nature de voix nécessaires dans les chœurs.

Le nombre des artistes de la danse ne pourra être inférieur à quatorze premiers et seconds danseurs et danseuses et à douze premières coryphées.

Les chœurs seront composés d'au moins cent choristes, hommes et femmes, y compris les coryphées et non compris les élèves du Conservatoire de musique qui pourraient être appelés à prendre part à des représentations extraordinaires. Les appointements des choristes ne pourront être inférieurs à 1,000 francs.

Le corps de ballet sera composé d'au moins quatre-vingts danseurs et danseuses, indépendamment des enfants, qui ne pourront être employés dans des conditions contraires aux lois et règlements sur le travail des enfants.

L'orchestre devra comprendre au moins cent musiciens et deux chefs d'orchestre, sans compter les bandes supplémentaires sur le théâtre.

Le premier violon-solo pourra faire fonctions de troisième chef d'orchestre (minimum d'appointements : 1,500 francs, sauf la batterie).

Le choix des chefs d'orchestre devra être approuvé par le Ministre.

Le service des études et répétitions comprendra :

Un chef des chœurs;

Un sous-chef des chœurs;

Trois chefs de chant accompagnateurs pour les répétitions et les études de l'Opéra;

Un accompagnateur ou un violon pour les répétitions et les études de ballet; cet emploi pourra être rempli par un artiste de l'orchestre;

Deux maîtres de ballet;

Un professeur de perfectionnement et de danse;

Un professeur de danse pour le corps de ballet et les enfants;

Un professeur de pantomime.

ART. 35.

Le Directeur pourra, avec l'autorisation du Ministre, et par préférence à tous autres Directeurs des théâtres lyriques, engager les élèves du Conservatoire à la fin de leurs études.

L'engagement sera de deux ans au moins et au prix minimum de :

5,000 francs pour la première année;

7,000 francs pour la deuxième année.

A la fin de la première année, cet engagement pourra être résilié par le Directeur, mais seulement avec l'autorisation du Ministre.

ART. 36.

Le service journalier des machines et des décorations continuera à être dirigé par un chef machiniste.

Le service des costumes continuera à être dirigé par un chef de magasin et un maître tailleur.

Les services des bureaux, du contrôle, des ouvreuses de loges, de la surveillance de la salle, de l'habillement des artistes et les autres services intérieurs du théâtre ne pourront être donnés à l'entreprise.

ART. 37.

Les médecins composant le service médical de l'Opéra seront nommés par le Ministre sur la présentation du Directeur et sur la proposition de l'Administration des Beaux-Arts.

TITRE V.

SUBVENTION.

ART. 38.

Le Directeur recevra, sur le budget de l'Etat, la subvention dont la quotité sera fixée, chaque année, par une disposition législative. Cette subvention est payable par douzième à la fin de chaque mois.

Dans le cas où la subvention serait supprimée, le Directeur pourra renoncer à la concession.

Dans le cas où la subvention serait inférieure à la somme de 800,000 francs, reconnue indispensable à la prospérité du théâtre, le Directeur touchera la subvention, non par douzième, mais sur le pied de 70,000 francs par mois et il aura le droit de fermer le théâtre de l'Opéra pendant un temps proportionnel à la réduction que la subvention aura subie.

La subvention, pouvant toujours être diminuée ou supprimée par une disposition législative, ne doit devenir le gage d'aucune créance.

ART. 39.

Pour obtenir le payement des portions échues de la subvention allouée par l'État, le Directeur devra remettre au Commissaire du Gouvernement près les théâtres subventionnés, pour être transmis au Ministre :

1° Un double de l'état émargé des traitements du mois précédent des artistes, employés et agents du théâtre;

2° Un bordereau des retenues opérées sur ces traitements et un état des amendes disciplinaires; la somme provenant de ces retenues et amendes devant être versée à la Caisse des dépôts et consignations, conformément aux décrets des 14 mai 1856 et 15 octobre 1879;

3° La quittance du droit des indigents;

4° Les quittances des primes dues aux compagnies d'assurances;

5° Les quittances de l'impôt et diverses contributions;

6° Le reçu du caissier de la Caisse des dépôts et consignations constatant le versement des retenues et amendes au profit de la Caisse des pensions;

7° Un état des recettes et dépenses de l'exploitation pendant le mois précédent;

8° Un état des recettes journalières et de la composition des spectacles du mois précédent.

Ces pièces devront être certifiées par le Commissaire du Gouvernement conformes aux livres de comptabilité de l'administration de l'Opéra.

ART. 40.

Dans le cas où, par suite de non-payement des artistes, employés et agents du théâtre, le Directeur se trouverait dans l'impossibilité de produire l'état émargé ci-dessus exigé, le payement de la part subventionnelle échue à ce moment serait effectué entre les mains du Commissaire du Gouvernement qui en ferait lui-même la répartition, au marc le franc, entre tous les artistes, employés et agents non payés et produirait, à l'appui, un état émargé des sommes reçues par eux.

Les artistes, employés et agents resteraient créanciers privilégiés de l'entreprise pour les créances que cette répartition proportionnelle n'aurait pas entièrement éteintes.

ART. 41.

Le Commissaire du Gouvernement est chargé de veiller à l'exécution du cahier des charges, sauf en ce qui concerne les clauses intéressant le service d'architecture, dont l'architecte du monument assurera l'observation.

A cet effet, le Directeur devra mettre à sa disposition tous les renseignements, registres, livres de caisse et autres dont il pourra avoir besoin pour remplir la mission qui lui est confiée.

Il adressera, tous les trois mois, au Ministre, un rapport sur le mode d'exploitation et sur la situation de l'entreprise, sur les engagements et retraites des artistes, employés et agents du théâtre et, enfin, sur les infractions au cahier des charges qui auraient pu être commises par le Directeur.

Il adressera, chaque mois, au Ministre un certificat constatant l'exécution, pendant le mois précédent, des obligations résultant du présent cahier des charges et déclarant s'il y a lieu de délivrer le mandat de payement de la part subventionnelle échue. Ce certificat devra être accompagné des pièces énoncées en l'article 37.

Il veillera à ce que les polices d'assurances soient renouvelées et entretenues sans interruption.

TITRE VI.

CONCESSION DES BÂTIMENTS ET LOCAUX SERVANT À L'EXPLOITATION.

—

ART. 42.

Durant son exploitation, le Directeur aura la jouissance gratuite et selon les conditions ci-après établies :

Du théâtre de l'Opéra, de ses dépendances et des bâtiments de la rue Richer, n° 6, le tout tel qu'il se comporte présentement.

Le Directeur reconnaîtra et signera un état des lieux de chacune des localités énoncées en l'article précédent.

L'état des lieux sera établi sous la direction de l'architecte de l'Opéra et aux frais du Directeur.

ART. 43.

Le théâtre, ses dépendances et les bâtiments de la rue Richer seront livrés en bon état de réparations locatives au Directeur qui devra les entretenir et les laisser en bon état, à la fin de son entreprise.

A l'égard du théâtre, il ne s'agit pas seulement des réparations locatives prévues par l'article 1754 du Code civil, mais encore de l'entretien des appareils de chauffage et d'éclairage, de la poêlerie et de la fumisterie, des pompes et appareils contre l'incendie, des machines et des cordages, du plancher du théâtre, et généralement de tous les objets, meubles ou immeubles par destination, nécessaires aux divers services de l'exploitation du théâtre.

Le Directeur devra être mis en demeure de faire les grosses réparations qui seront devenues nécessaires par la faute de l'exploitation. Ces travaux seront toujours exécutés sous la direction des agents de l'administration supérieure, sans que le Directeur puisse prétendre à aucune indemnité.

Le Directeur entretiendra à ses frais et rendra en bon état les machines du théâtre; s'il veut faire opérer des changements dans la machinerie, il devra obtenir l'autorisation du Ministre.

A la fin de l'entreprise, tout ouvrage de construction, tout ouvrage scellé et tous les objets d'exploitation renouvelés appartiendront à l'État, sans indemnité pour le Directeur.

ART. 44.

Tous les ans, dans les premiers mois de l'année, une visite générale des locaux sera faite contradictoirement entre l'architecte du monument et le Directeur, en vue de constater l'état des lieux et d'indiquer les travaux locatifs à exécuter.

ART. 45.

L'architecte et les inspecteurs de l'Opéra auront le droit, à toute heure de jour et de nuit, de pénétrer dans toutes les parties du théâtre pour affaire de service.

ART. 46.

Le Directeur devra faire opérer à ses frais, une fois par an, pendant la semaine sainte, un nettoyage général de toutes les parties de la salle et du théâtre intérieurement.

Les travaux de nettoyage seront exécutés sous le contrôle de l'architecte de l'Opéra, qui sera juge de l'importance à donner à ces nettoyages et des procédés qui devront être employés.

Le Directeur devra entretenir les alentours et les abords du théâtre dans un état constant de propreté.

ART. 47.

Dans le cas où il y aurait lieu de restaurer la décoration de la salle de l'Opéra, cette restauration, approuvée par le Ministre des Beaux-Arts et le Ministre des Travaux publics, sera faite aux frais de l'État. Il ne sera dû au Directeur aucune indemnité pour l'interruption des représentations qui pourra en résulter; mais la subvention n'éprouvera aucune réduction à raison de cette interruption.

Cette interruption ne pourra avoir lieu que du 1er juin au 31 août et ne devra pas excéder une durée de vingt jours.

ART. 48.

Le Directeur sera tenu de tous les frais de garde et des dépenses nécessaires à l'exploitation, à la police et à la conservation du théâtre, de ses
dépendances et des bâtiments de la rue Richer.

Il sera tenu des contributions, impôts et redevances de toute nature
pour le théâtre, ses dépen dances et les bâtiments de la rue Richer.

ART. 49.

Le Directeur ne pourra, sans l'autorisation du Ministre, donner ou prêter,
même temporairement, pour logement ou pour tout autre usage, aucune des
localités dont la jouissance lui est confiée.

ART. 50.

Le Ministre se réserve la faculté de disposer du théâtre pour les bals ou
réunions qu'il pourrait y autoriser et pour les représentations gratuites qu'il
croirait devoir ordonner.

Dans ce cas, aucune dépense ne serait à la charge du Directeur. Il lui
serait tenu compte, par qui de droit, des représentations et répétitions que les-
dits bals, fêtes ou réunions pourraient faire manquer.

Les dégâts qui résulteraient de ces bals, réunions ou représentations gratuites, seront à la charge de l'État et réparés par les soins de l'architecte du
monument.

ART. 51.

Le Directeur ne pourra, sans l'autorisation du Ministre des Beaux-Arts et
du Ministre des Travaux publics, faire exécuter dans la salle les arrangements
et améliorations qu'il jugerait à propos d'y apporter.

Ces travaux devront être exécutés sous la direction et le contrôle de l'architecte du monument.

ART. 52.

Le Directeur sera tenu de se conformer aux règlements de police existants
ou à établir en matière de constructions théâtrales, et d'exécuter, sous la surveillance des agents de l'Administration, les travaux qui pourront être pres-
crits pour la salubrité de la salle.

Ces travaux seront à la charge du Directeur s'ils concernent l'entretien ordinaire ou le gros entretien, et à la charge de l'État s'ils constituent de grosses réparations.

Si les travaux sont exécutés aux frais de l'État, le Directeur devra souffrir qu'ils soient exécutés par l'Administration, sans pouvoir exiger d'indemnité.

ART. 53.

Quatre concierges seront maintenus aux frais du Directeur : le premier à la porte de l'entrée des artistes, le deuxième à la porte de l'administration, le troisième à l'entrée de la salle et le quatrième aux bâtiments de la rue Richer.

Le nombre de ces concierges devra être augmenté, aux mêmes conditions, si les besoins du service l'exigent.

Deux employés seront spécialement chargés, aux frais du Directeur et sous le contrôle de l'architecte du monument, de la surveillance, de l'éclairage, du chauffage et des artifices et ils seront tenus à deux rondes, l'une de jour dans tout le théâtre, l'autre de nuit dans le théâtre et dans les cours.

ART. 54.

En cas de bals, soirées, concerts ou fêtes de toute nature qui pourraient être donnés, à l'Opéra, en dehors des représentations ordinaires, les travaux décoratifs ne pourront être exécutés que sous la direction et le contrôle de l'architecte du monument.

ART. 55.

Dans le cas où le Ministre des Travaux publics désirerait faire des essais relatifs à l'éclairage, au chauffage ou à la ventilation, le Directeur devra donner toutes facilités à ce sujet. Toutefois, les expériences devront se faire de façon à ne causer aucun trouble dans le service. Les résultats de ces essais pourront être imposés au Directeur.

ART. 56.

Le grand foyer public reste à la disposition du Ministre. Le Directeur ne pourra, en aucun cas, supporter les frais et dégâts qui résulteraient de cette latitude.

3.

TITRE VII.

CONCESSION DU MATÉRIEL SERVANT À L'EXPLOITATION.

—

ART. 57.

Pendant la durée de la concession, le Directeur aura la jouissance, sous les conditions ci-après, de tout le matériel d'exploitation appartenant à l'État.

Un inventaire de ce matériel sera établi au frais du Directeur, contradictoirement entre l'Administration des beaux-arts et lui, aussitôt après sa nomination. Cet inventaire devra être accepté par lui avant sa prise de possession.

ART. 58.

Le matériel devra être constamment entretenu en bon état de réparation. Tous les deux ans, il sera procédé, par les soins et sous l'autorité de l'Administration des beaux-arts, à un examen général des objets contenus en magasin. S'il est constaté, à la suite de cet examen, que, malgré les créations nouvelles, une dépréciation du matériel s'est produite, le Directeur pourra être mis en demeure de ramener le matériel à sa valeur initiale.

Le Directeur aura le droit d'employer la totalité des décorations, costumes, etc. aux besoins de son exploitation. Un état hebdomadaire des transformations ou créations devra être tenu par la conservateur du matériel.

ART. 59.

Une réserve spéciale sera instituée pour la réfection des décors.

Cette réserve sera alimentée par un prélèvement de 2 p. 100 sur les recettes brutes. L'emploi de cette réserve aura lieu sous le contrôle du conservateur du matériel et après décision du Ministre sur ceux des décors qui devront être refaits.

ART. 60.

A l'expiration de sa concession, ou à toute autre époque où cette concession prendrait fin, le Directeur devra remettre à l'État une quantité de décorations, costumes, accessoires, cordages, marchandises neuves, etc., au moins égale à la valeur de celle qui lui aura été confiée.

Cette remise devra comprendre la totalité du matériel existant à cette époque, qu'il ait été reçu de l'État ou créé par le Directeur.

S'il y a moins-value, le Directeur devra payer la différence; la plus-value s'il en existe, appartiendra à l'État, sans indemnité pour le Directeur.

ART. 61.

Le Directeur devra conserver et entretenir en bon état le mobilier de la salle et de la scène. Il devra être tenu inventaire de ce mobilier, dans les conditions prévues pour le matériel aux articles 57 et 58. A toute époque où l'entreprise prendrait fin, ce mobilier devra être rendu complet, et en aussi bon état que possible, eu égard à la durée de l'exploitation.

ART. 62.

Le Directeur sera tenu de livrer aux archives de l'Opéra la maquette de chaque nouvelle décoration créée par lui, ainsi que les dessins des costumes.

Le Directeur ne pourra louer ni prêter, sans une autorisation du Ministre, aucun des objets dont la jouissance lui est confiée.

Dans le cas où l'autorisation de photographier des costumes ou autres objets du matériel aurait été accordée, deux exemplaires de ces photographies devront être déposés aux archives.

ART. 63.

L'État sera propriétaire, à la fin de la concession ou de l'entreprise, de tout le matériel, partitions, dessins, maquettes, machines et objets mobiliers créés par le Directeur, qui n'aura droit à aucune indemnité pour ces objets.

Si quelques objets faisant partie des machines et accessoires et du mobilier ont disparu, sans que le Directeur puisse justifier de l'emploi qui en aura été fait, l'État pourra en réclamer le prix.

ART. 64.

Il sera fait mention, sur les inventaires, du renouvellement de tout objet composant le mobilier de la scène et de ses dépendances (loges, magasins, etc.) et de la salle.

ART. 65.

Un conservateur du matériel, nommé par le Ministre, surveillera l'usage qui en sera fait et tiendra les inventaires au courant. Le Directeur devra lui donner toutes les facilités d'examen et de surveillance qui lui seront nécessaires pour remplir la mission qui lui est confiée.

Le traitement du Conservateur ne sera pas à la charge du Directeur de l'Opéra.

ART. 66.

Un bibliothécaire, nommé par le Ministre, sera chargé de la conservation des partitions manuscrites ou gravées et généralement de toute la musique servant à l'exploitation du théâtre.

Son traitement, fixé à 2,000 francs, est à la charge du Directeur.

Le chauffage et le nettoyage de la Bibliothèque sont à la charge du Directeur.

ART. 67.

Un archiviste, nommé par le Ministre, sera chargé de réunir et de mettre en ordre toutes les maquettes, tous les dessins des décors, anciens et nouveaux, exécutés à l'Opéra, ainsi que les livres et estampes donnés à ce théâtre ou acquis par lui et de classer et cataloguer tous les titres et papiers relatifs à l'administration de l'Opéra, depuis son origine.

L'archiviste et les employés des archives seront payés par le Directeur de l'Opéra. Les appointements de ce personnel, fixés par le Ministre, et les frais du matériel n'excèderont pas 3,000 francs.

TITRE VIII.

ASSURANCES.

ART. 68.

Les décors, les costumes, les accessoires, le mobilier, le matériel et les bâtiments de l'Opéra, ainsi que les magasins de la rue Richer, seront assurés pour une somme de 2,150,000 francs.

Les frais d'assurances sont à la charge du Directeur.

ART. 69.

Le Directeur sera responsable des accidents d'incendie dans le théâtre et dans ses dépendances, ainsi que dans les bâtiments de la rue Richer, sauf son recours contre les Compagnies avec lesquelles il aura traité.

Néanmoins, sa responsabilité à cet égard sera limitée au capital reconnu par les Compagnies.

Le Directeur ne sera pas tenu de verser à l'État une somme supérieure à celle qu'il recevra des Compagnies.

ART. 70.

En cas d'incendie les sommes dues par les Compagnies d'assurances seront versées à la Caisse des dépôts et consignations. Les polices d'assurances devront être rédigées dans ce sens.

TITRE IX.

COMPTABILITÉ, INSPECTIONS ADMINISTRATIVES ET FINANCIÈRES.

ART. 71.

Le Directeur devra adresser au Ministre, au mois de janvier de chaque année, une copie certifiée conforme de l'inventaire qu'il est tenu de faire, aux termes de l'article 9 du titre II, livre Ier du Code de commerce.

ART. 72.

Tous les ans, la comptabilité de l'Opéra sera vérifiée et contrôlée par un inspecteur des finances.

Le Ministre se réserve, en outre, le droit de faire examiner à toute époque la situation administrative et financière de l'exploitation par tel mode administratif qu'il jugera convenable.

Le Directeur devra produire tous les livres et registres qui doivent être tenus conformément à l'article 8 du titre II du Code de commerce.

TITRE X.

LIQUIDATION DE LA CAISSE DES RETRAITES.

—

ART. 73.

Les dispositions relatives à la caisse des retraites en liquidation résultant des décrets des 14 mai 1856, 22 mars 1866 et 26 mars 1887, seront applicables à la présente concession.

Toute mesure ayant pour effet de modifier la condition des artistes, employés et agents tributaires de cette caisse, ne pourra être prise par le Directeur qu'après avoir obtenu l'autorisation du Ministre.

En cas d'urgence, le Directeur pourra prononcer une suspension de service jusqu'à la décision du Ministre, qu'il devra demander sans délai.

ART. 74.

Les artistes, employés et agents jouissant d'une pension de retraite ou de réforme ne pourront être employés à l'Opéra sans que le Ministre en ait été averti, afin qu'il puisse empêcher le cumul d'une pension avec un traitement d'activité, conformément aux dispositions des articles 33 et 34 du décret du 14 mai 1856.

ART. 75.

Le Directeur sera tenu de donner, chaque année, au profit de la Caisse des pensions de retraite, le nombre de représentations, de concerts ou de bals nécessaires pour assurer à cette Caisse une somme de 20,000 francs, qui devra être versée à la Caisse des dépôts et consignations.

Il pourra, toutefois, s'il le préfère, verser simplement, même en plusieurs termes, cette somme de 20,000 francs.

ART. 76.

Les amendes disciplinaires ne pourront être remises sans l'autorisation du Ministre.

TITRE XI.

PÉNALITÉS. — RETRAIT DE LA CONCESSION.

ART. 77.

Toutes les autorisations ministérielles prévues par le présent cahier des charges devront être délivrées par écrit, sous peine d'être considérées comme nulles et non avenues.

ART. 78.

En cas de non-exécution ou de violation des prescriptions des articles 18, 19, 31, 33, 46, 49, 51, 71, 73, le Ministre pourra infliger au Directeur des amendes de 500 à 1,000 francs, selon la gravité des infractions commises. Ces amendes sont prélevées sur le cautionnement qui, dans ce cas, devra être complété dans les quinze jours.

ART. 79.

Dans le cas où une des représentations supplémentaires prévues à l'article 14 ne serait pas donnée, il sera exercé une retenue de   , qui sera prélevée sur le douzième à échoir de la subvention.

ART. 80.

La présente concession pourra être retirée par arrêté ministériel :

1° Si le Directeur contrevient aux dispositions des articles 1, 3, 6, 7, 11, 12, 15, 17, 26, 34, 68; le Ministre pourra également, au lieu de prononcer le retrait, infliger au Directeur des amendes de 1,000 à 10,000 francs qui seront perçues dans les conditions prévues à l'article 78;

2° Si le théâtre reste fermé sans autorisation pendant trois jours consécutifs de représentation obligatoire;

3° Si le Directeur est dans l'impossibilité de payer les artistes, employés, agents ou fournisseurs du théâtre, ou s'il est l'objet de poursuites, actions ou mesures judiciaires de nature à entraver la liberté de sa gestion.

ART. 81.

Dans le cas où la présente concession serait retirée par la faute du Directeur, c'est-à-dire par application des paragraphes 1, 2 et 3 de l'article qui précède, l'État sera exempt de toutes dettes, obligations et charges provenant du fait du Directeur.

L'Administration supérieure sera libre de laisser à la charge du Directeur les engagements et traités qu'elle jugerait onéreux, et de prendre, pour le compte de l'État, ceux qu'il lui conviendrait de garder.

A cet effet, le Directeur devra stipuler dans les engagements de tous les artistes qu'ils seront tenus de rester à la disposition de son successeur.

Il en serait de même dans le cas où le Directeur viendrait à mourir ou à se retirer par une circonstance de force majeure.

ART. 82.

Le Directeur des Beaux-Arts est chargé d'assurer l'exécution du présent arrêté, qui sera notifié à qui de droit.

Fait à Paris, le   1891.

Par le Ministre :

Le Directeur des Beaux-Arts,

Je déclare accepter toutes les conditions du présent cahier des charges.

Paris, le   1891.

TABLE.

www.ingramcontent.com/pod-product-compliance
Lightning Source LLC
LaVergne TN
LVHW012115170726
843501LV00008BC/2887